Daniela Pareschi

TIERISCH SCHÖN

Aus dem Italienischen von
Cornelia Panzacchi

Die Übersetzung dieses Buches ist dank einer Förderung des italienischen Ministeriums für Auswärtige Angelegenheiten und Internationale Kooperation entstanden.

Questo libro è stato tradotto grazie ad un contributo del Ministero degli Affari Esteri e della Cooperazione Internazionale Italiano.

Titel der Originalausgabe: Animali Bellissimi
Published by arrangement with Walkabout Literary Agency

1. Auflage 2024

Aus dem Italienischen von Cornelia Panzacchi, Göttingen
Der Gerstenberg Verlag dankt Ursula Wilhelmi für die fachliche Durchsicht.

Druck und Bindung: TBB a. s., Banská Bystrica
Printed in the Slovak Republic
Gerstenberg Verlag GmbH & Co. KG, Rathausstraße 18–20,
D-31134 Hildesheim · verlag@gerstenberg-verlag.de
ISBN 978-3-8369-6257-5

Weitere spannende Sachbücher findest du auf unserer Homepage:
www.gerstenberg-verlag.de

Inhalt

Tiere mit

KOPFSCHMUCK

Hörner und Geweihe sind Auswüchse aus Knochen oder anderem Material und sitzen vorne am Kopf. Sie dienen als Kopfschmuck oder werden zur Verteidigung eingesetzt. Während Geweihe jedes Jahr abgeworfen werden und wieder neu wachsen, bleiben Hörner an Ort und Stelle und wachsen ein ganzes Tierleben weiter.

Hörner können ganz unterschiedliche Formen und Größen haben.

Elch

Rentier

Hirsche und ihre Verwandten tragen ein Geweih. Außer bei den **Rentieren** tragen nur die Böcke genannten Männchen ein Geweih.

Beim **Hirsch** fällt das Geweih jedes Jahr vor dem Winter ab und wächst im Frühjahr wieder nach. Das Geweih eines älteren Hirschs kann bis zu 12 Kilogramm wiegen.

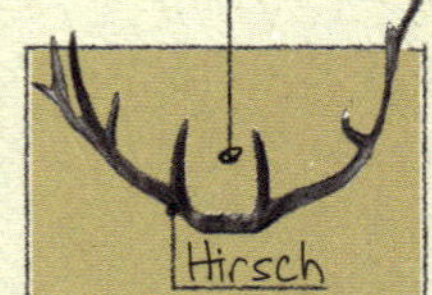

Hirsch

Die Hörner des **Nashorns** wachsen von Geburt an. Auch Weibchen haben sie. Nashornhörner bestehen aus Keratin, einem Protein, aus dem auch unsere Haare und Nägel sind.

Der **Große Kudu**, eine afrikanische Antilopenart, besitzt sehr lange Hörner. Sie stehen in V-Form vom Kopf ab und sind wie Spiralen gedreht.

Bei den **Hornträgern** oder Rinderartigen können die Hörner ganz unterschiedlich geformt sein: Gazellenhörner sind kurz und spitz, Büffelhörner sind lang, dick und gekrümmt. Auch viele Hausrinder tragen Hörner, die je nach Rasse verschieden sind.

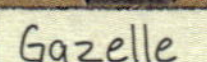

Gazelle

Büffel

Stier

Als einziger Vogel besitzt der **Kagu** am Schnabel Klappen zum Verschließen der Nasenlöcher. Diese sehen aus wie kleine Hörner.

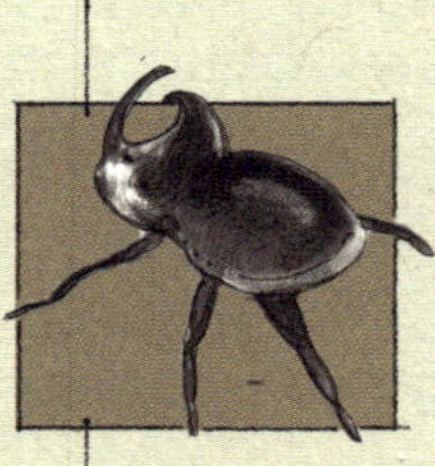

Es gibt sogar Insekten mit Hörnern. Der männliche **Nashornkäfer** trägt vorne am Kopf ein zurückgebogenes Horn.

Das **Atlaskäfer**-Männchen besitzt große Hörner aus Chitin. Es setzt sie im Kampf um Weibchen ein.

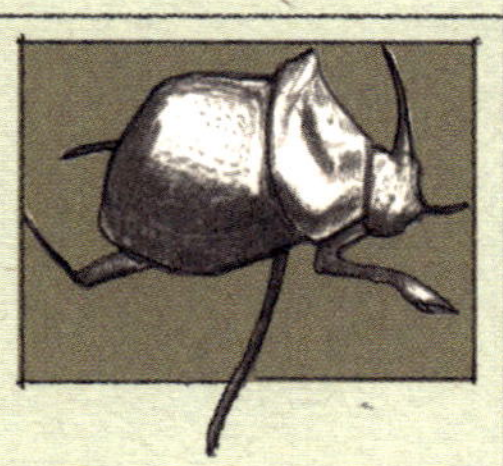

Das männliche **Dreihornchamäleon** verfügt, wie der Name schon sagt, über drei Hörner: Eins sitzt an der Spitze der Schnauze, die anderen beiden befinden sich zwischen den Augen.

Tiere mit

SCHNURRBART

Die »Schnurrbärte« der Tiere sind meist Tasthaare. Oft sind sie härter als die Fellhaare und sitzen zu beiden Seiten der Nase. Sie sind sehr biegsam und mit Nerven verbunden, sodass sie Signale ans Gehirn senden können. Weil sie sehr empfindlich sind, nehmen sie sogar den kleinsten Luftzug wahr.

Tasthaare verleihen den Tieren so etwas wie einen sechsten Sinn, der ihnen verrät, was rings um sie herum geschieht.

Tasthaare

Körper

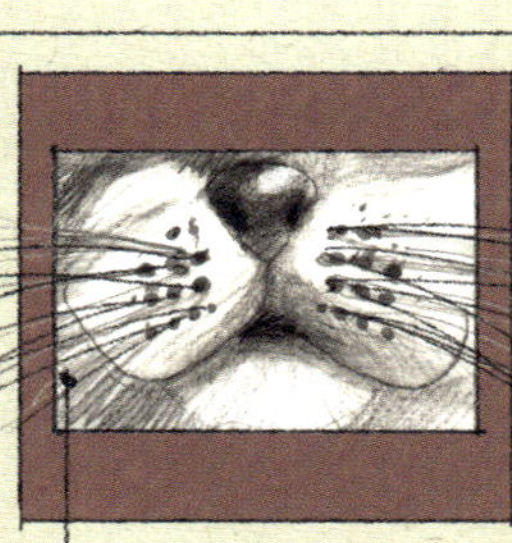

Die **Katze** und all ihre Verwandten haben Tasthaare. Diese können ihnen helfen, Gefahren wahrzunehmen und zu erspüren, ob sie z. B. durch enge Öffnungen passen.

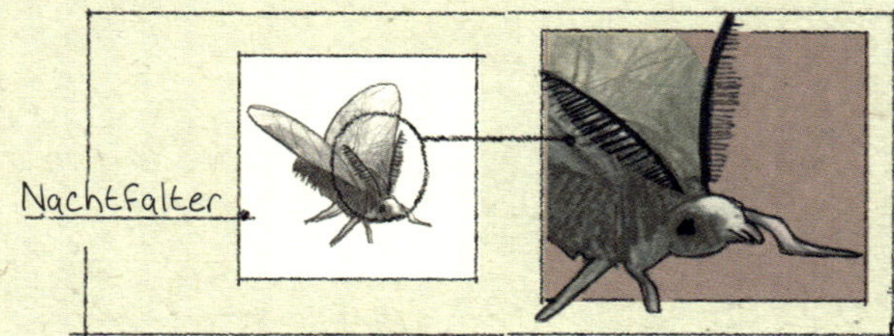

Insekten und **Krebstiere** besitzen feine tastempfindliche Haare, die vor allem in der Nähe des Mundes sitzen, und haben an den Fühlern Rezeptoren.

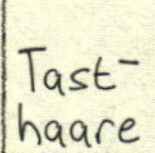

Wels

Manche Fischarten haben Barteln. Das sind lange fleischige Auswüchse, mit denen die Fische tasten und Gerüche wahrnehmen. Besonders auffällig sind die Barteln beim **Wels**. Der **Flusswels**, der größte Süßwasserfisch Europas, besitzt drei Bartelpaare, die ihm bei der Futtersuche helfen.

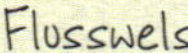

Die Barteln der **Meerbarben** sind mit Geschmackspapillen bestückt. Mit ihnen können diese Fische »schmecken«, ob in ihrer Nähe Beutetiere schwimmen.

Es gibt aber auch Tiere, die lange Schnurrbärte aus Haaren oder Federn besitzen, die keine Tasthaare sind, sondern nur als Schmuck dienen.

Dies ist etwa beim **Kaiserschnurrbarttamarin** der Fall. Sein buschiger Schnurrbart reicht ihm bis auf die Schultern. Benannt ist er nach den Schnurrbärten, die im Deutschen Kaiserreich (1871–1918) modern waren.

Die **Inkaseeschwalbe** hat zu beiden Seiten des Schnabels über 5 Zentimeter lange Federn, die wie ein Schnurrbart aussehen.

Tiere, die

FLIEGEN

(aber keine Vögel sind)

Es stimmt, dass Flügel zum Fliegen da sind. Allerdings sind sie in der Natur nicht die einzigen »Flugapparate«. Es gibt Tierarten, die andere Systeme entwickelten, um zu gleiten, oder die regelrechte »Fallschirme« besitzen. Im Laufe der Evolution bildeten Tiere Häute, Gliedmaßen und Auswüchse aus, die es ihnen ermöglichen, sich durch die Luft zu bewegen.

Die **Fledermaus** gehört zu den wenigen Säugetieren, die fliegen können. Doch anders als die Federflügel der Vögel bestehen ihre Flügel aus Haut – den Flughäuten.

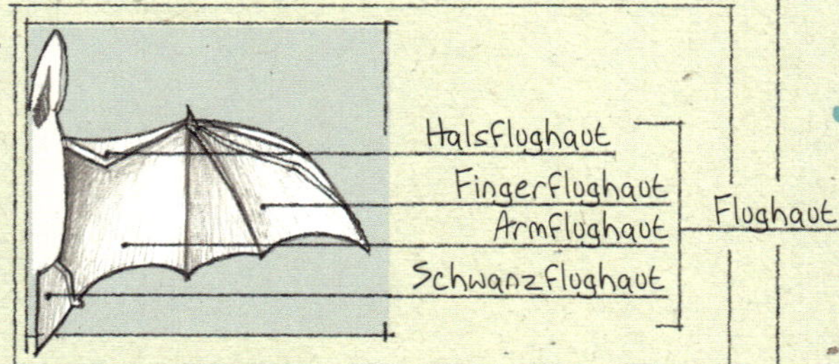

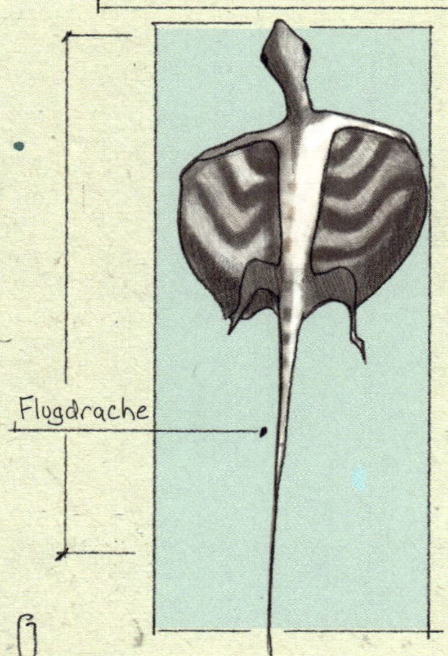

Es gibt auch Reptilien mit Flughäuten: Der **Flugdrache** ist eine kleine Echse mit Flughäuten an den Seiten, die sich entfalten, sobald sich das Tier in die Tiefe stürzt. Die **Schmuckbaumnatter** dagegen gleitet von Baum zu Baum, indem sie ihre Rippen spreizt und ihren Bauch als Gleitfläche nutzt.

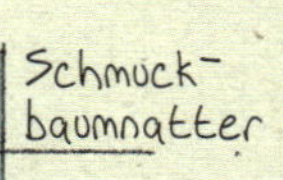

Der **Riesengleiter** und das **Gleithörnchen** sind Säugetiere, die dank ihrer Flughäute durch die Luft gleiten. Sie spannen die Flughäute zwischen Gliedmaßen und Schwanz.

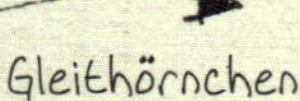

Beim **Fliegenden Fisch** sind die Flossen flügelartig. Sie ermöglichen dem Fisch bis zu 2 Meter hohe und 200 Meter weite Sprünge und Gleitflüge durch die Luft.

Die **Krabbenspinne** schießt Seidenfäden in die Luft, die wie ein Ballon funktionieren. So kann sie sich kilometerweit von Wind und Luftzügen tragen lassen.

Der Kalmar ***Todarodes pacificus*** schießt mittels Rückstoßprinzip aus dem Wasser und gleitet dank der Flossen an seinem Mantel bis zu 50 Meter weit durch die Luft.

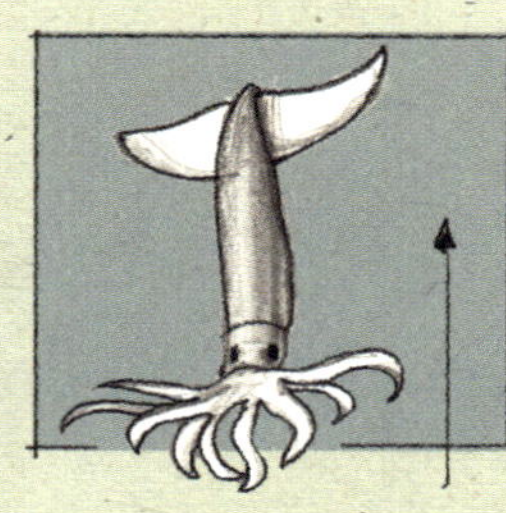

Der **Teufelsrochen** kann trotz seines beträchtlichen Gewichts aus dem Wasser schnellen und weit durch die Luft gleiten.

Tiere mit HAAREN

Natürlich gibt es »Tiere mit Haaren«, denn Fell besteht ja aus Haaren. Haare können ein Tier bedrohlicher oder aber niedlicher aussehen lassen, sie können vor Kälte schützen und bei der Tarnung helfen. Zur besseren Tarnung wechselt das Fell mancher Arten sogar die Farbe: Beim **Polarhasen** ist es in den wärmeren Monaten graubraun, im Winter dagegen weiß, damit der Hase im Schnee nicht auffällt.

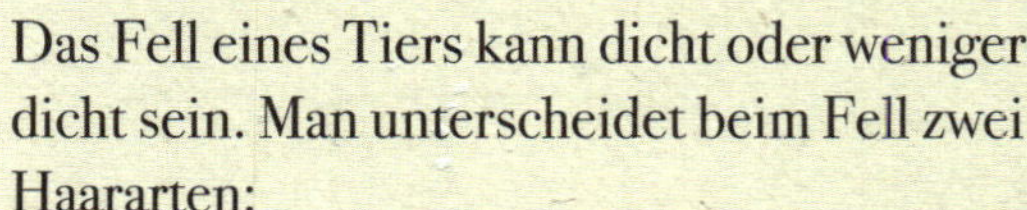

Das Fell eines Tiers kann dicht oder weniger dicht sein. Man unterscheidet beim Fell zwei Haararten:

- Deckhaare: Dickere, festere, stärker gefärbte Haare, die mitunter immer länger wachsen.
- Wollhaare: Kurze, weiche, feine Haare, die Wärme am Körper halten.

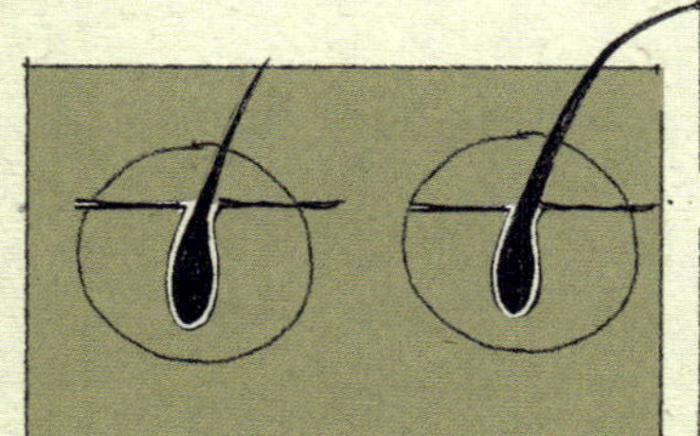

Der **Afghanische Windhund** zählt zu den Hunderassen mit den längsten Haaren. Das Aussehen des Fells der einzelnen Hunderassen ist das Ergebnis von Züchtungen durch den Menschen.

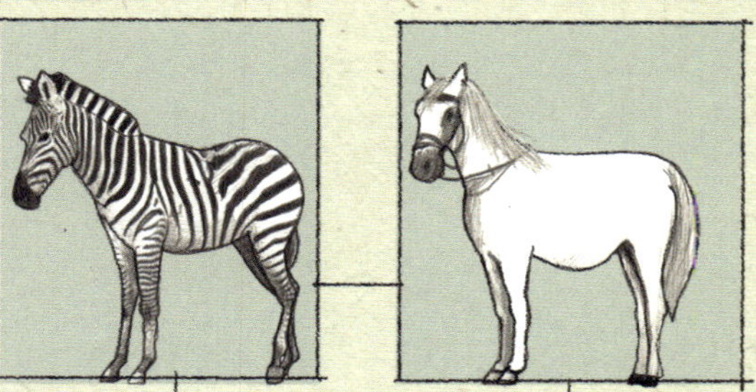

Die Mähnen- und Schweifhaare von **Zebra** und **Pferd** nennt man Langhaar.

Der männliche **Löwe** hat eine dichte Mähne, die nur dazu dient, zu zeigen, dass er stark und gesund ist. Löwinnen finden Löwen mit dicker Mähne nämlich attraktiv.

Borsten sind sehr dicke und harte Haare, wie **Schweine** und **Wildschweine** sie besitzen. Sie schützen die Haut, zum Beispiel bei Streifzügen durch dorniges Unterholz.

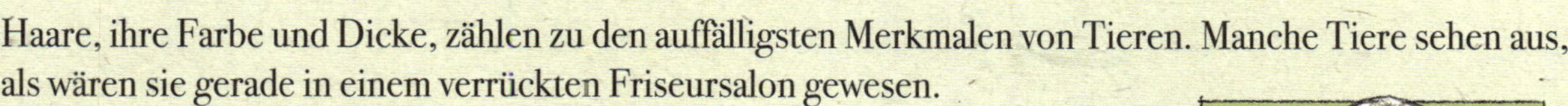

Haare, ihre Farbe und Dicke, zählen zu den auffälligsten Merkmalen von Tieren. Manche Tiere sehen aus, als wären sie gerade in einem verrückten Friseursalon gewesen.

Abessinisches Meerschweinchen

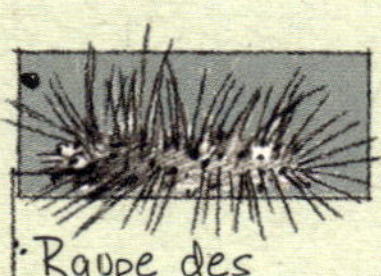

Raupe des Schmetterlings Brauner Bär

Gestreifter Anglerfisch

Mary-River-Schildkröte

Ganz KLEINE Tiere

Wer klein ist, hat es schwer: Oft sind kleine Tiere die Beute der größeren. Vor allem haben sie einen sehr schnellen Stoffwechsel, der viel Energie verbraucht. Deshalb müssen sie ständig fressen, um zu überleben. Ihr Alltag ist ein einziger Wettlauf mit der Zeit.

Außer den Insekten gibt es noch viele weitere Tiere, die nicht größer als 2 Zentimeter werden. Diese Winzlinge sind nicht leicht zu beobachten.

Der Karpfen ***Paedocypris progenetica*** ist der kleinste Fisch der Welt. Er ist weniger als 1 Zentimeter lang und durchsichtig.

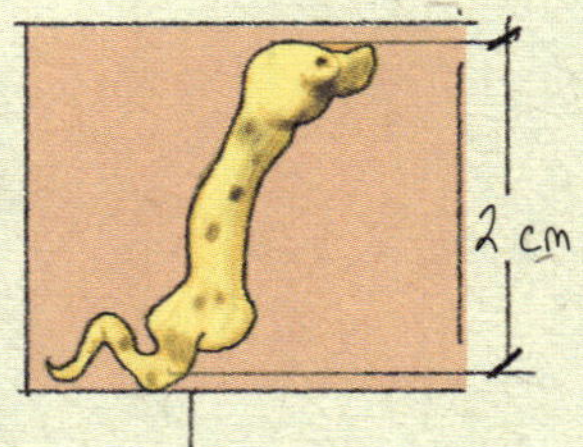

Das **Denise-Zwergseepferdchen** wird allerhöchstens 2 Zentimeter lang, und weil es so gut getarnt ist, ist es nahezu unsichtbar. Auf diese Weise entgeht es Fressfeinden.

Die **Bienenelfe** gilt mit einer Körperlänge von 5 Zentimetern und einem Gewicht unter 2 Gramm als kleinster Vogel der Welt.

Einer der kleinsten Primaten der Welt ist der auf Madagaskar lebende, nachtaktive **Zwerg-Mausmaki**. Er wird kaum länger als 10 Zentimeter.

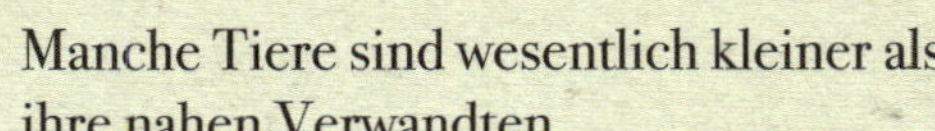

Manche Tiere sind wesentlich kleiner als ihre nahen Verwandten.

Die **Hummelfledermaus** ist mit einer Größe von circa 3 Zentimetern die kleinste Fledermaus der Welt.

Der Engmaulfrosch ***Paedophryne amauensis***, die kleinste bekannte Froschart, ist nur erbsengroß.

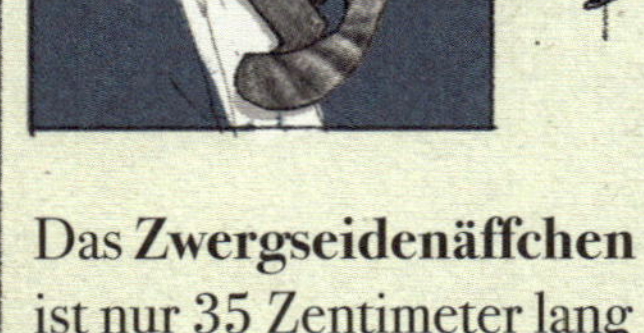

Das **Zwergseidenäffchen** ist nur 35 Zentimeter lang und 100 Gramm schwer.

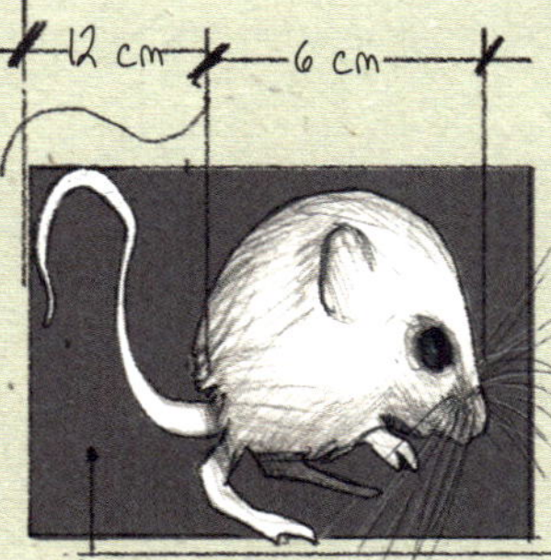

Die **Fünfzehen-Zwergspringmaus** aus der Familie der Springmäuse wird nur knapp 6 Zentimeter lang. Aber ihr Schwanz ist viel länger als ihr Körper!

Der **Kalifornische Schweinswal** ist eine sehr seltene Schweinswalart. Erkennungszeichen ist der schwarze Augenring. Mit 1,5 Metern Länge ist er im Vergleich zu Schwertwalen oder Blauwalen wirklich winzig!

Als **Krill** bezeichnet man verschiedene Arten von mikroskopisch kleinen Krebstieren. Die kleinsten unter ihnen werden nur wenige Millimeter groß und sind die bevorzugte Nahrung einiger großer Walarten.

Ganz GROSSE Tiere

Groß zu sein hat zweifellos Vorteile: Große Tiere laufen weniger Gefahr, von Fressfeinden getötet zu werden. Aber es gibt auch Nachteile: Obwohl ihr Stoffwechsel langsam ist, müssen sie sich aufgrund ihrer gewaltigen Körpermasse sehr viel Nahrung beschaffen. Außerdem erreichen sehr große Tiere erst spät die Geschlechtsreife, müssen also lange überleben, bevor sie sich fortpflanzen können.

Die größten Tiere der Welt leben im Meer. Das größte Tier von allen ist der **Blauwal**, der über 30 Meter lang werden kann.

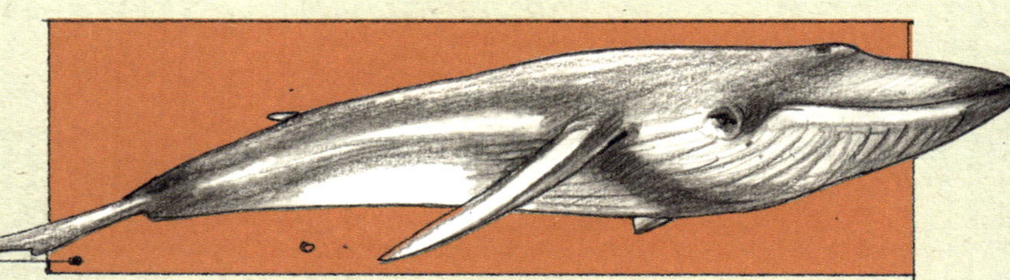

Ebenfalls im Meer lebt der **Walhai**. Obwohl er riesig ist, ist er vollkommen harmlos. Mit 13 Metern Körperlänge und über einem Dutzend Tonnen Gewicht ist er der größte Fisch unserer Zeit.

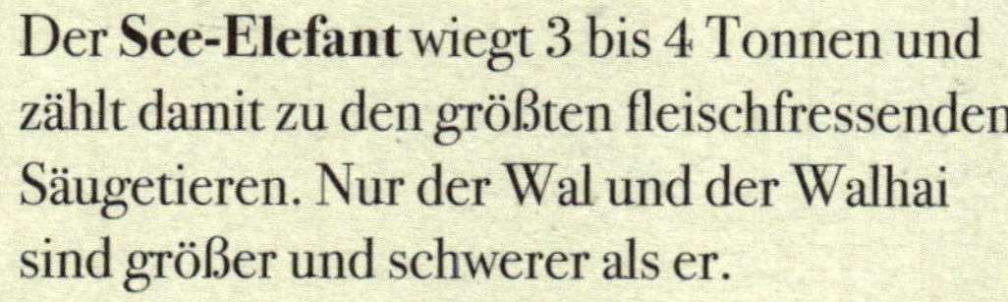

Der **See-Elefant** wiegt 3 bis 4 Tonnen und zählt damit zu den größten fleischfressenden Säugetieren. Nur der Wal und der Walhai sind größer und schwerer als er.

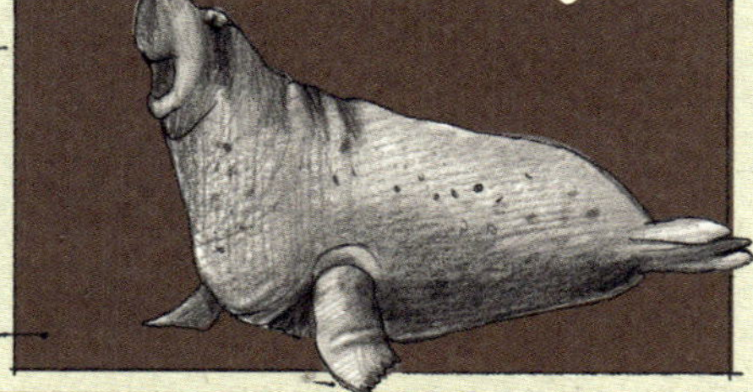

Unter den heutigen Landtieren gibt es viele Riesen. Das größte von ihnen ist der **Afrikanische Elefant**. Ein ausgewachsener Elefantenbulle kann über 7 Tonnen wiegen und bis zu 3,5 Meter hoch sein.

Der größte heutige Vogel ist der **Strauß**. Er kann nicht fliegen, dafür aber bis zu 70 Stundenkilometer schnell laufen.

Das größte aller Reptilien ist das **Leistenkrokodil**, das bis zu 5 Meter lang wird.

Die schwerste Schlange der Welt ist die **Anakonda**: Sie erreicht bis zu 250 Kilogramm. Allerdings ist sie nicht die längste aller Schlangen.

Die **Japanische Riesenkrabbe** ist der weltweit größte Gliederfüßer und kann bis zu 20 Kilogramm wiegen.

Ganz BUNTE Tiere

Ein wichtiges Merkmal aller Tierarten ist ihre jeweilige Färbung. Manche fallen durch Farben auf, die wie aufeinander abgestimmt wirken. Die Farben von Fellen, Federn oder Schuppen sind Signale: Durch sie kann ein Tier anzeigen, dass es gefährlich ist, kann sich tarnen, eine andere Tierart nachahmen oder aber Partner für sich gewinnen.

Warnfärbung ist das Gegenteil von Tarnung: Durch besonders leuchtende Färbung signalisieren Tiere, dass sie gefährlich sind. Das kommt bei Insekten, Amphibien und Fischen öfter vor als bei Säugetieren, was wiederum damit zusammenhängt, dass nur wenige Säugetierarten Farben sehen. Auch deshalb setzen Landsäugetiere Farbe eher ein, um sich zu tarnen. Ihre Farbskala reicht von Gelb- über Brauntöne bis hin zu Schwarz.

Das Gefieder des **Scharlacharas** ist leuchtend rot, hellblau, dunkelblau und gelb.

Das **Mandrill**-Männchen ist das einzige Säugetier mit leuchtenden Farben. Es nutzt sie, um Weibchen auf sich aufmerksam zu machen.

Die größte Farbenvielfalt finden wir bei den **Schmetterlingen**. Winzige Schuppen auf ihren Flügeln erzeugen Lichtbrechungseffekte. Das darauffallende Licht wird von allen Schuppenschichten reflektiert und verändert sich je nach Neigung der Flügel. Dadurch schillern die Farben und verändern sich scheinbar.

Der **Große Paradiesvogel** heißt so, weil er so wunderschön ist: Die Ureinwohner Neuguineas glaubten, dass ein derart prächtig gefärbter Vogel direkt aus dem Paradies kommen müsse.

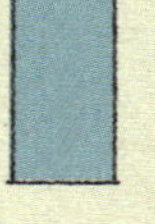

Das Männchen der **Pfauenspinne** präsentiert seine bunt gefärbten Rückenplatten, um den Weibchen zu gefallen.

Im Meer leben viele Arten mit besonderer Färbung, darunter auch die **Prachtsternschnecke**, deren leuchtende Farben anzeigen, dass sie giftig ist.

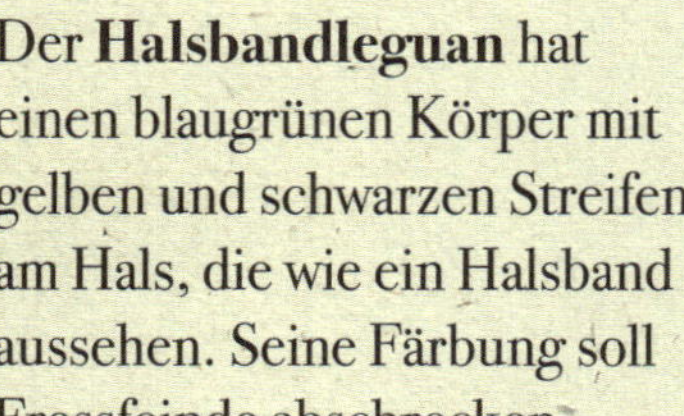

Der **Halsbandleguan** hat einen blaugrünen Körper mit gelben und schwarzen Streifen am Hals, die wie ein Halsband aussehen. Seine Färbung soll Fressfeinde abschrecken.

Tiere mit
FLECKEN

Flecken im Fell, im Gefieder oder auf dem Panzer vieler Tiere sorgen dafür, dass sie in ihrer gewohnten Umgebung weniger auffallen, weil sie optisch mit ihr verschmelzen.
Es gibt Tiere mit Augenflecken und solche mit kontrastierenden Flecken oder Streifen. Viele **Tag-** und **Nachtfalter**, aber auch einige **Reptilien** und **Vögel** sind dank ihrer Musterung gut getarnt.
Flecken können aber auch Feinde irritieren oder abschrecken, wie die Augenflecken auf den Schwanzfedern des **Pfaus** oder auf den Flügeln einiger **Schmetterlinge**.

Pfau

Schmetterling

Perlhuhn

Die **Perleidechse** hat Flecken, die im Laufe ihres Lebens die Farbe ändern, aber stets einen Kontrast zur umgebenden schuppenbedeckten Haut bilden.

Die Schwarz-Weiß-Färbung des **Großen Pandas** hat gleich mehrere Funktionen: Sie tarnt ihn in schattigen Wäldern, das Weiß am Körper bewirkt, dass er im Schnee nicht auffällt, die schwarze Färbung an Ohren und Augen ist ein Wiedererkennungszeichen unter Artgenossen und schreckt Feinde (vor allem junge Bären) ab.

Wenn sich der **Blaugeringelte Krake** bedroht fühlt, wird er leuchtend gelb und seine ringförmigen Flecken leuchten blau. Dadurch warnt er Fressfeinde vor seinem Gift – und schützt dabei sich selber.

Der **Siebenpunkt-Marienkäfer** zeigt durch die roten, schwarz gefleckten Flügeldecken an, dass er giftig ist und nicht gut schmeckt.

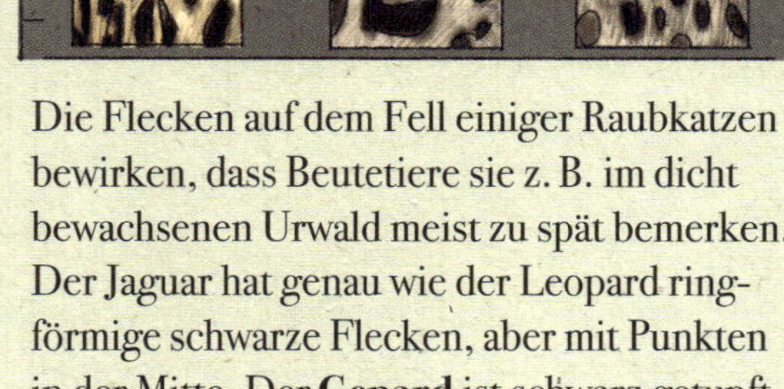

Die Flecken auf dem Fell einiger Raubkatzen bewirken, dass Beutetiere sie z. B. im dicht bewachsenen Urwald meist zu spät bemerken. Der Jaguar hat genau wie der Leopard ringförmige schwarze Flecken, aber mit Punkten in der Mitte. Der **Gepard** ist schwarz getupft.

Die Flecken in Fell oder Gefieder von Haustieren wie **Katzen**, **Hunden**, **Pferden**, **Rindern** oder **Hühnern** sind keine Tarnung, sondern entstanden durch Züchtung.

Koh

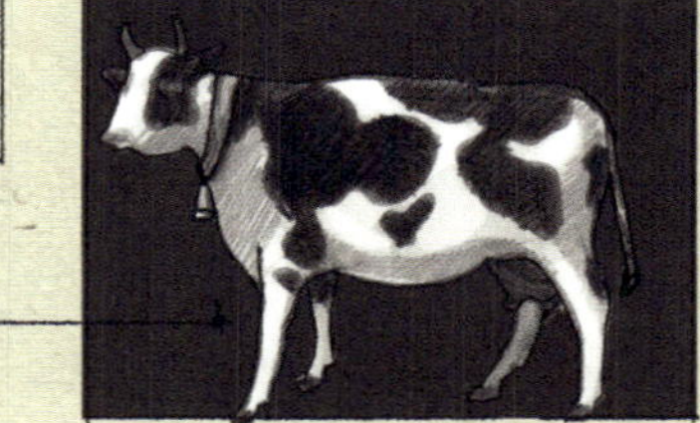

Pferd

Katze

Tiere mit langen ZÄHNEN

Manche Tiere haben lange Zähne, die Stoß- oder Fangzähne genannt werden. Dies sind große, spitz zulaufende Zähne, die sehr auffällig sind. Je nach Tierart entstanden sie aus unterschiedlichen Zähnen. Beim **Elefanten** wurden zwei obere Schneidezähne zu Stoßzähnen, beim **Wildschwein** je zwei untere und obere Eckzähne, beim **Flusspferd** nur die unteren Eckzähne. Stoßzähne werden im Kampf und bei der Beschaffung von Nahrung eingesetzt.

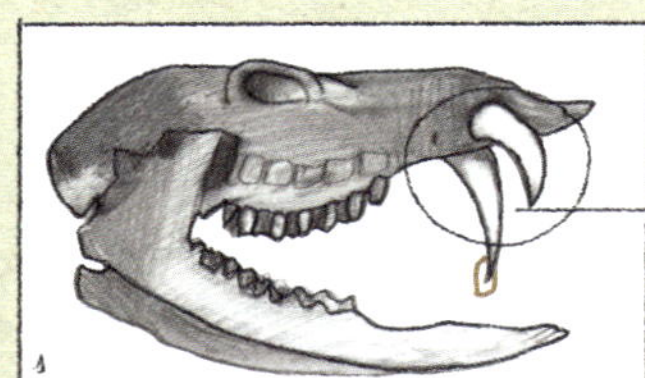

Einige **Schlangen** haben lange Zähne, die dünn wie eine Nadel sind und mit denen sie Gift in ihre Beute spritzen. Die **Goliath-Vogelspinne** hat zwar keine Zähne, dafür aber Mundwerkzeuge, durch die sie ihr Gift verspritzt.

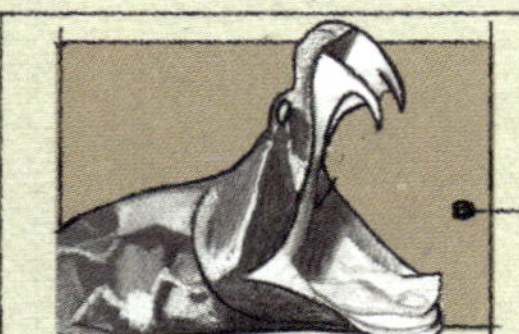

Die sehr giftige **Gabunviper** hat von allen Schlangen die längsten Giftzähne.

Das **Walross** hängt sich mit seinen Stoßzähnen in Eisschollen ein, um sich daran hochzuziehen.

Der **Hirscheber** aus der Familie der Echten Schweine verfügt über vier auffällige Stoßzähne, »Hauer« genannt, die nach oben und hinten aus dem Maul wachsen.

Beim **Moschustier** sind die oberen Eckzähne verlängert und sehen wie kleine Säbel aus.

Der **Narwal** besitzt einen spiralförmig gedrehten Zahn, der bis zu 2,5 Meter lang wird.

Der **Vampirfisch** ist ein sehr aggressiver Raubfisch. Wenn er das Maul schließt, gleiten die beiden langen Zähne des Unterkiefers in schützende Röhren im Schädel.

Die größten Stoßzähne von allen besaß das **Mammut**, das vor langer Zeit ausstarb: Sie waren nach oben gebogen, hatten spiralig verdrehte Spitzen und maßen bis zu 4 Meter Länge.

Tiere, die LEUCHTEN

Die meisten leuchtenden Tiere leben in der Tiefsee. Ihre Leuchtfähigkeit bezeichnet man als *Biolumineszenz*. Mittels eines chemischen Vorgangs erzeugen bestimmte Moleküle in ihrem Körper Licht. Die Tiere setzen es ein, um Fressfeinde abzuschrecken oder Beutetiere anzulocken, wie es etwa der **Anglerfisch** tut.

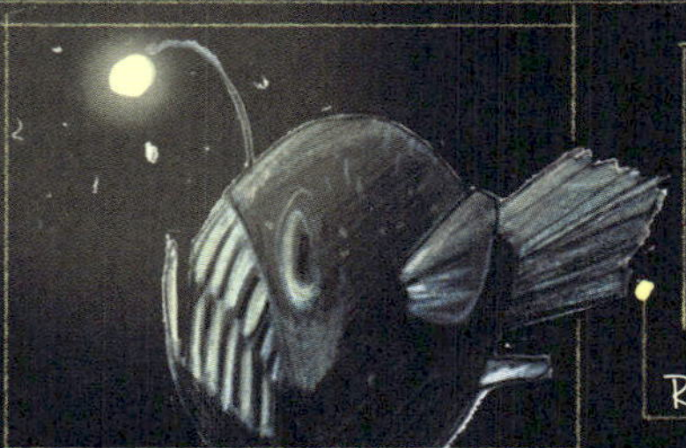

Anglerfisch

Ruderschnecke

Biolumineszenz kann bei **Fischen**, **Haien**, **Quallen** und Mikroorganismen beobachtet werden, aber auch bei einigen Insekten, wie zum Beispiel den **Glühwürmchen**.

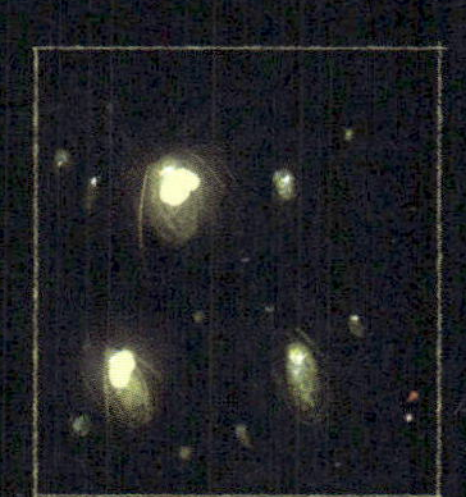

Glühwürmchen

Quallen

Laternenhai

Der **Vampirtintenfisch** erzeugt mithilfe von Leuchtorganen auf seinen acht Fangarmen Licht.

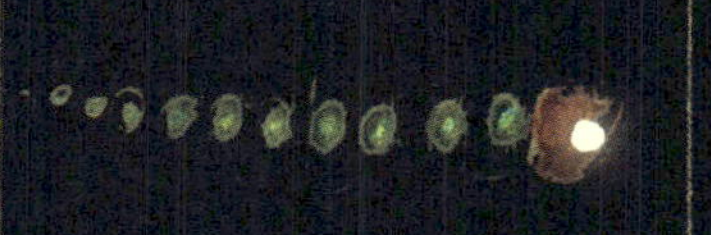

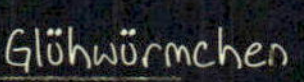

Mit Licht lenkt der **Eisenbahnwurm** Fressfeinde ab. Die gelbgrünen Leuchtflecken an seinem Rücken erinnern an Waggonfenster. Der Kopf leuchtet rot.

Manche Arten strahlen Licht aus, indem sie Lichtwellen reflektieren.

Der **Skorpion** leuchtet normalerweise nicht im Dunkeln, doch in ultraviolettem Licht sendet er ein starkes grünblaues Leuchten aus. Mitunter leuchtet er auch im Mondlicht.

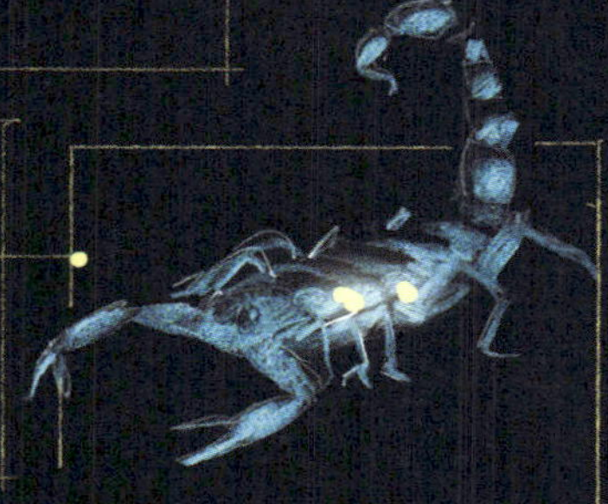

Die Larven der neuseeländischen Mückenart ***Arachnocampa luminosa*** spinnen Fangfäden, die sie mit dem von ihrem Körper erzeugten Licht zum Leuchten bringen. Andere Insekten werden von diesem Licht angezogen und fliegen in die Fangfäden hinein.

Die schillernden Flügel des **Blauen Morphofalters** spiegeln das Licht.

Hinter der Netzhaut vieler Tiere, darunter **Katzen**, **Hunde**, **Wale**, **Eulen**, **Hirsche**, **Pferde** und **Lemuren**, liegt eine lichtreflektierende Schicht, das *Tapetum lucidum*, die Licht auffängt und zur Netzhaut zurückspiegelt. Dadurch können diese Tiere auch bei sehr schwachem Licht noch sehen, und ihre Augen leuchten im Dunkeln, wenn sie angestrahlt werden, wie etwa von Autoscheinwerfern.

Tiere, die sich UNSICHTBAR machen

Manchen Tieren gelingt es, sich dank ihrer Färbung oder Körperform in ihrer Umgebung nahezu unsichtbar zu machen, um Fressfeinde oder Beutetiere zu täuschen. Diese auch *Krypsis* genannte Strategie ist die in der Natur am stärksten verbreitete Form der Tarnung.

Der **Polarfuchs** trägt im Winter ein schneeweißes Fell, in der warmen Jahreszeit dagegen ist er dunkelbraun bis schwarz, sodass er sich dann gut zwischen Pflanzen und Steinen verstecken kann. So schleicht er sich unbemerkt an Beute an und wird von größeren Raubtieren nicht gesehen.

Auch das Fell des **Hermelins** wird im Winter weiß, sodass der kleine Marder im Schnee praktisch unsichtbar ist.

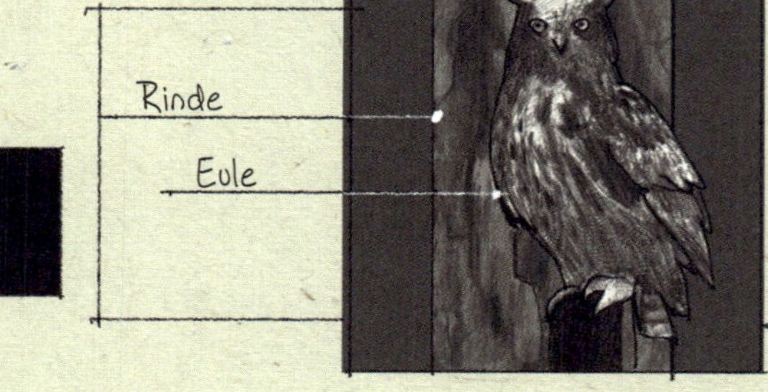

Viele Vögel sind durch Färbung und Muster ihres Gefieders in ihrem Lebensraum gut getarnt, darunter auch die **Eulen**. Manche blähen sich auf oder machen sich dünn, um noch weniger aufzufallen.

Unter den Insekten gibt es viele Meister der Tarnung. Manche verstecken sich gerne zwischen Pflanzen, weil sie wie Pflanzenteile aussehen. Die **Stabschrecke** hat einen langen, schmalen Körper, keine Flügel und lange dünne Beine, sodass sie zwischen Zweigen kaum zu sehen ist.

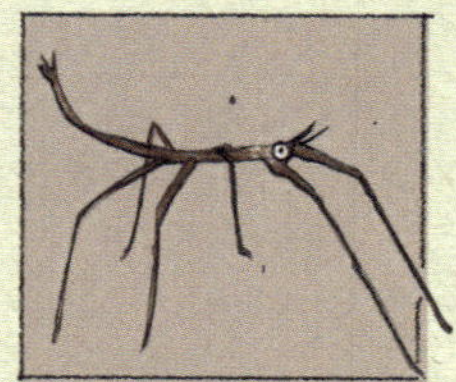

Das **Chamäleon** wechselt die Farbe weniger, um sich zu tarnen, als um seinen Gemütszustand anzuzeigen. Wenn es gelassen ist, behält es sein normales Grün oder Gelb bei, doch wenn es erschrickt, aufgeregt ist oder einem Partner gefallen will, verfärbt es sich rotorange oder nimmt andere leuchtende Farben an.

Der **Blattschwanzgecko** sieht wie ein Büschel Blätter aus, während die **Orchideenmantis** Körperteile besitzt, die Blütenblättern der Orchidee ähneln.

Der **Steinfisch**, einer der giftigsten Fische, sieht mit seiner braunen, krustig wirkenden Haut wie ein Stück Fels aus.

Tiere mit LANGEN BEINEN

Alle Besonderheiten von Tieren dienen hauptsächlich dem Überleben. Die langen Beine ermöglichen es ihren Besitzern, sich schneller zu bewegen und bei der Nahrungssuche höhere Pflanzenregionen zu erreichen. Zu den langbeinigsten Tieren gehören viele Watvögel, aber auch zahlreiche Säugetiere und einige wirbellose Tiere.

Der **Mähnenwolf** ist ein Raubtier, das dank seiner langen Beine auch in hohem Gras schnell vorankommt.

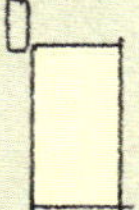

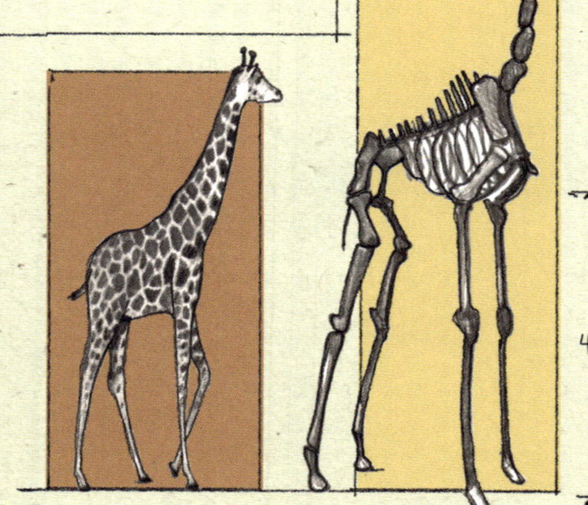

Die **Giraffe** ist Rekordhalter: Sie hat von allen Tieren die längsten Beine, die fast 2 Meter lang werden. Obwohl die Beine vergleichsweise zart wirken, sind sie wirksame Waffen gegen Angreifer.

Bei den Vögeln gibt es viele langbeinige Arten.

Der **Storch** hat lange, dünne Beine. Sie sind leuchtend rot.

Neben langen Beinen hat der **Kranich** auch sehr lange Zehen. Diese verhindern, dass er im Schlamm einsinkt.

Der **Flamingo** fällt nicht nur durch sein rosa Gefieder, sondern auch durch seine langen Beine auf.

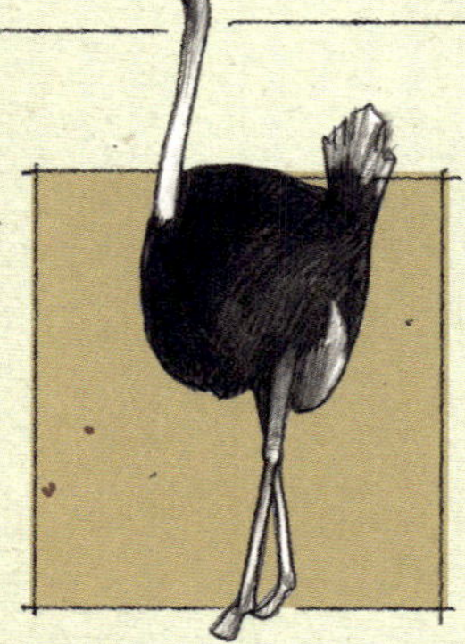

Mit seinen langen Beinen und kräftigen Füßen erreicht der **Strauß** erstaunliche Geschwindigkeiten.

Unter den Spinnen zählt die **Große Zitterspinne** zu den Arten mit den längsten Beinen. Sie sind bis zu sechsmal so lang wie ihr Körper.

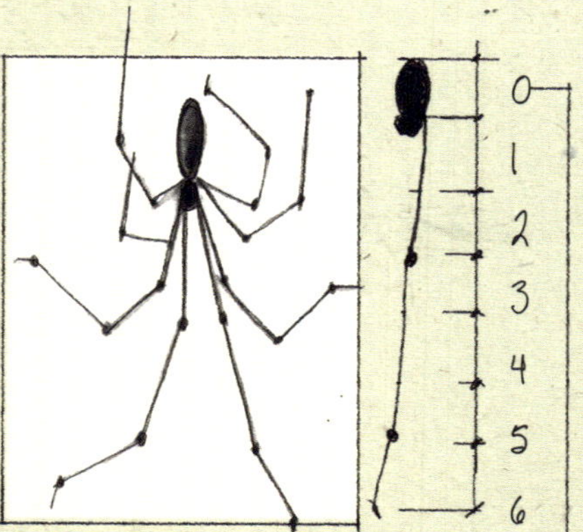

Die **Riesenohr-Springmaus** ist ein nachtaktives Nagetier, das wie eine Kreuzung aus Maus, Kaninchen und Känguru aussieht. Mit den langen, kräftigen Hinterbeinen kann sie sehr hoch springen.

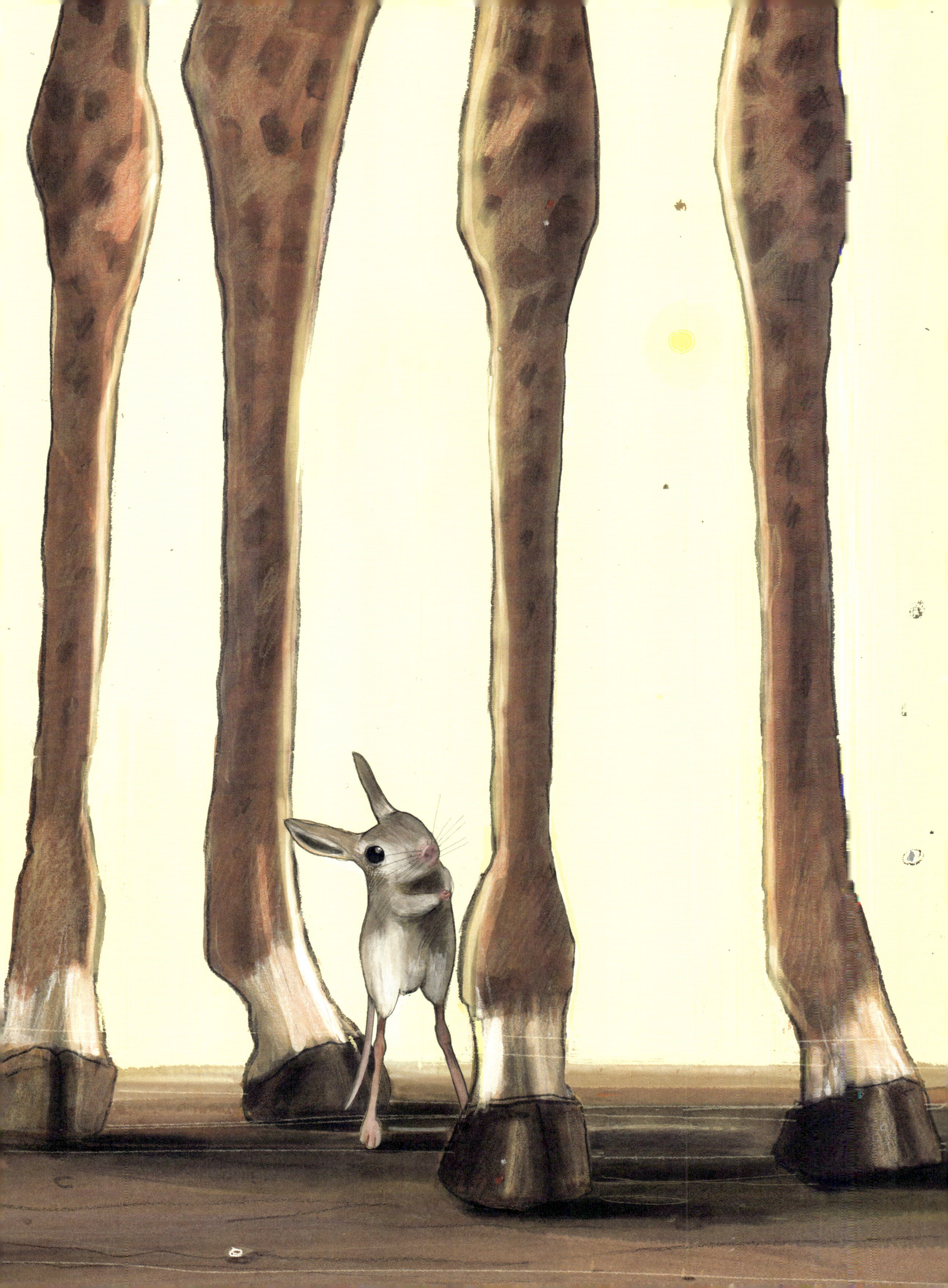

Tiere, die der SCHWERKRAFT trotzen

Die Fähigkeit, an senkrechten Flächen emporklettern zu können, hilft sicherlich beim Kampf ums Überleben. Tiere, die sie besitzen, sind gegenüber ihren Fressfeinden im Vorteil und können auch in schwierigem Gelände Futter finden. Die Klettertechniken sind je nach Art verschieden.

Den **Steinbock** lockt das Bedürfnis nach Salz in die Höhe, denn Salz lagert sich an Felsen in den Bergen ab, während Gräser und Kräuter auf den Bergwiesen nur wenig Salz enthalten. Die Hufe des Steinbocks sind außen hart, sodass sie beim Klettern Halt geben, und innen weich, damit die Tiere nicht ausrutschen.

Auch die Hufe der **Schneeziege** verfügen über weiche Polster. Diese tragen dazu bei, dass die Tiere sicher auf Felsen, Schnee und Eis klettern können.

Der **Gecko** ist ein kleines Reptil, das an glatten Flächen sogar kopfüber klettern kann. Diese Fähigkeit verdankt er den feinen Lamellen an der Unterseite seiner Hände und Füße. Sie haften auf jeder Oberfläche, lassen sich aber auch schnell wieder abziehen.

In der Welt der **Insekten** und der **Spinnentiere** gibt es ebenfalls Kletterkünstler. Sie verfügen über kleine Härchen an den Beinen, mit denen sie an Wänden haften bleiben können.

Viele Insekten besitzen außerdem an den Enden der Zehen Krallen, die es ihnen ermöglichen, sich an Blätter oder Baumrinde zu hängen.

Außerdem gibt es Tiere, die sich zwar nicht auf glatten oder senkrechten Oberflächen fortbewegen können, trotzdem aber ausgezeichnete Kletterer sind. Zu ihnen zählen **Waschbär**, **Großer Panda** und die meisten **Katzenarten**.

Waschbär

Großer Panda

Katze

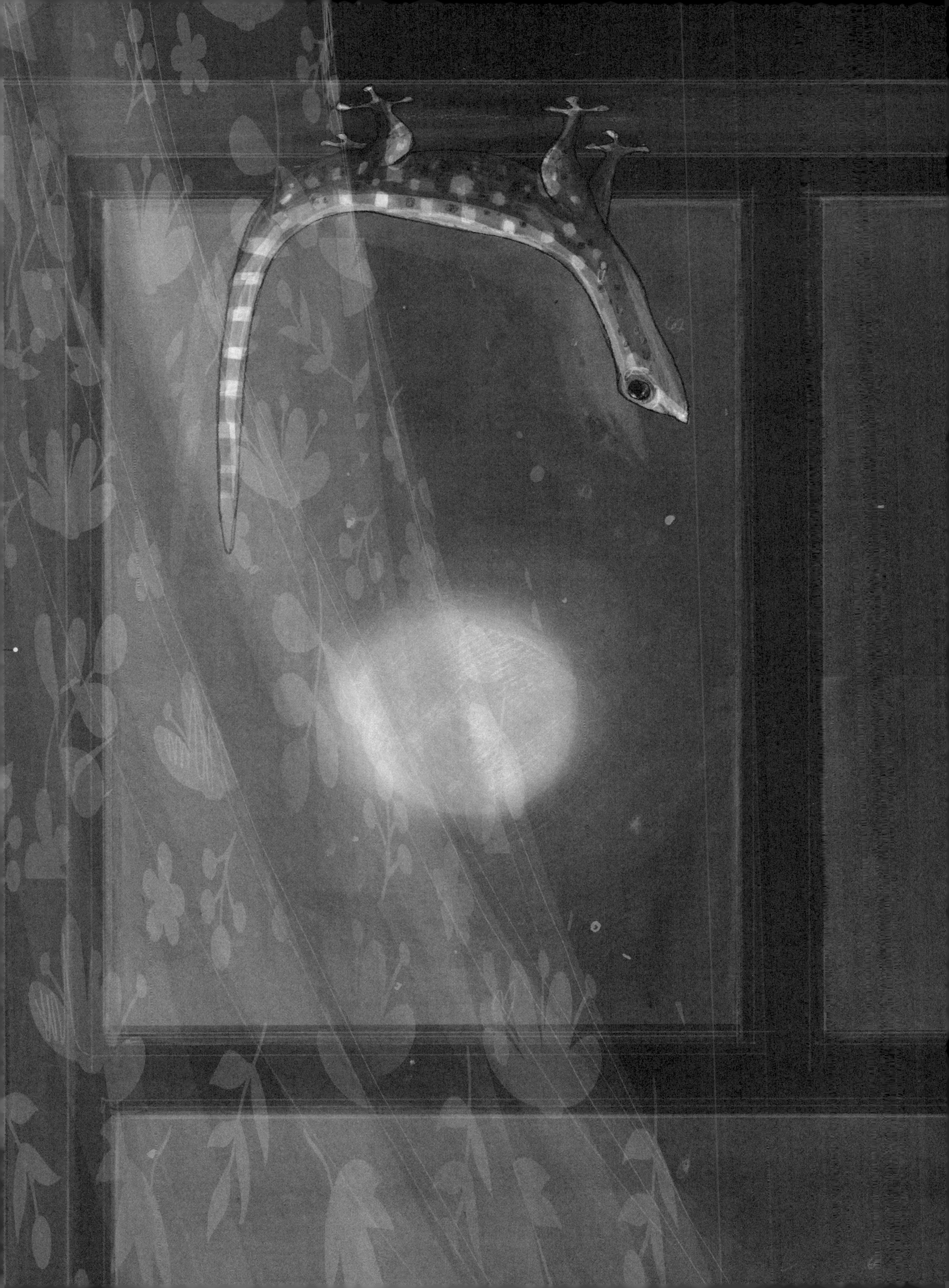

Tiere, die sich

AUFBLASEN

Sich aufzublasen ist eine Strategie vieler Tiere. Meistens tun sie es, um Rivalen oder mögliche Partner zu beeindrucken oder aber um Fressfeinde abzuschrecken.
Es gibt auch Tiere, die nur einen Teil ihres Körpers aufblähen. Oft ist dies ein Hautsack, der dadurch stark auffällt.

Der **Kugelfisch** ist der bekannteste Vertreter der »Aufbläser«. Bei Gefahr schluckt er viel Wasser und sieht dann wie ein praller Luftballon aus.

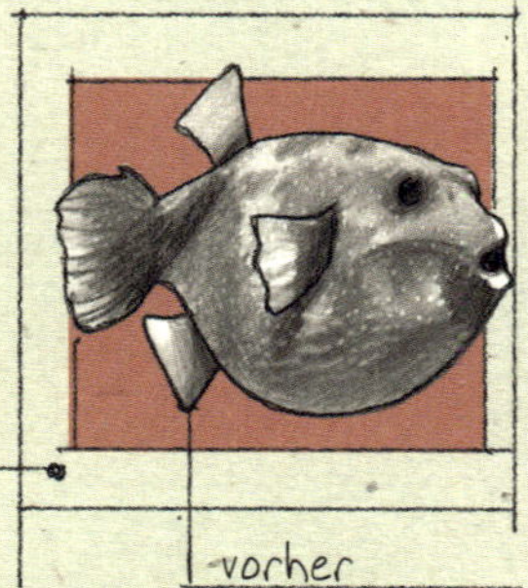

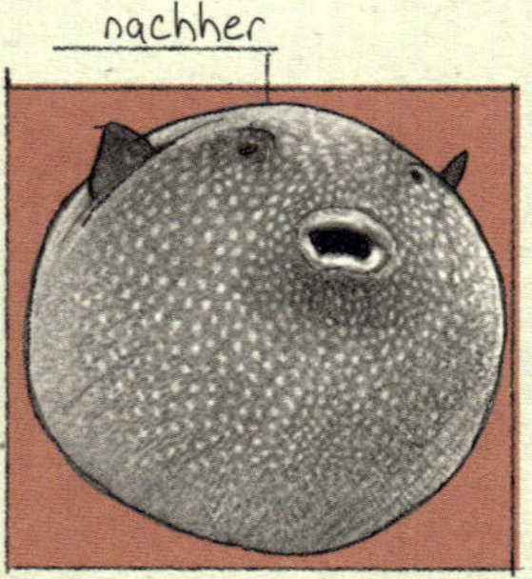

Der **Blasenaugen-Goldfisch** hat unter den Augen Hautsäcke. Im ersten Lebensjahr füllen sie sich mit Flüssigkeit. Durch diese Züchtung leidet der Fisch aber unter Sehproblemen.

Der männliche **Fregattvogel** bläst bei der Balz seinen roten Kehlsack auf.

Kröten blasen sich auf, um größer zu erscheinen und so Feinde oder Rivalen zu verscheuchen. Weibliche **Agakröten** werden so auch unerwünschte Verehrer los.

Das Männchen der **Riesentrappe** bläst während der Balzzeit seinen Kehlsack auf und stößt einen sehr tiefen Ruf aus. Damit beeindruckt es in der afrikanischen Savanne auch weiter entfernte Weibchen.

Vögel plustern sich auf, um nicht zu frieren: Die kleinen Lufttaschen zwischen den Federn verhindern, dass Körperwärme entweicht. Auf diese Weise halten sich Vögel im Winter warm.

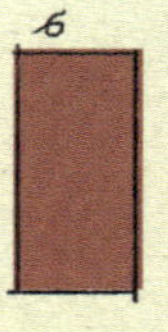

Katzen sträuben ihr Fell, um größer zu erscheinen. Dadurch wirken sie auf Rivalen und Fressfeinde bedrohlicher. Andere Säugetiere, wie Affen und Mäuse, wenden dieselbe Strategie an.

Tiere mit
STACHELN

Stacheln sind sehr wirksame Verteidigungswaffen.
Bei Säugetieren bestehen Stacheln aus verhärteten Haaren, die sich im Laufe der Evolution bestimmter Arten entwickelten. Ebenso wie unsere Haare und Nägel bestehen sie aus Keratin und werden vom Körper regelmäßig ersetzt – genau wie die Haare.

Stachelschwein, Ameisenigel und Igel sind von Stacheln geschützte Säugetiere.

Beim **Stachelschwein** bedecken lange, spitze schwarz-weiße Stacheln den Rücken. Sie bleiben im Fleisch von Angreifern stecken.

Der **Ameisenigel** aus der Eier legenden Säugetiergruppe der Kloakentiere ist sehr gemächlich unterwegs. Dank seiner Stacheln muss er vor keinem Tier Angst haben.

Der Körper des Igels wird von ungefähr 6000 Stacheln geschützt, die Fressfeinde fernhalten.

Stacheln finden wir auch bei anderen Tiergruppen. Besonders häufig treten sie bei Gliederfüßern (Insekten, Spinnen, Krebstiere) auf.

Die stachelige Heuschrecke ***Panacanthus cuspidatus*** ist am ganzen Körper durch Stacheln geschützt.

Die Stachelspinne der Gattung ***Gasteracantha*** besitzt einen von Stacheln umgebenen bunten Panzer.

Die Ameisenart ***Polyrhachis armata*** trägt nach außen gebogene und längere, nach unten gerichtete Stacheln.

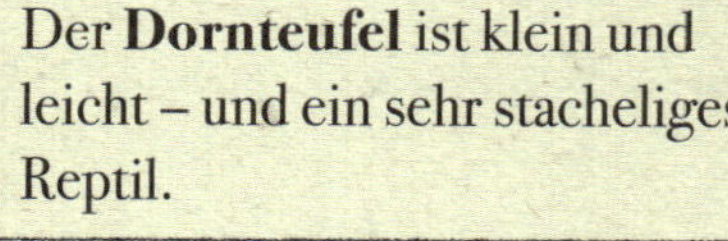

Der **Dornteufel** ist klein und leicht – und ein sehr stacheliges Reptil.

Der **Igelfisch** hat eine von Stacheln bedeckte Haut. Bei Gefahr schluckt er viel Wasser und sieht dann für seine Fressfeinde nicht mehr appetitlich aus.

Der **Dornenkronenseestern** ist ein großer Seestern mit bis zu 20 Armen, die von giftigen Stacheln bedeckt sind.

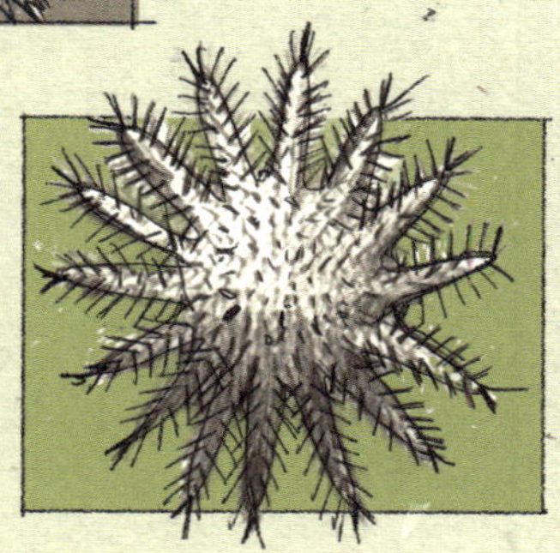

Beim **Indischen Rotfeuerfisch** bestehen die Brustflossen und die Rückenflossen aus langen, scharfen Stacheln. Die Stacheln der Rückenflosse enthalten ein starkes Gift.

Tiere mit SCHALE

Die Schalen und Gehäuse von wirbellosen Tieren sind feste, starre Hüllen, die den Körper schützen und stützen. Mitunter bedecken sie den Körper oder einen Teil davon nicht nur, sondern sind auch mit dem Körperinneren verbunden. Deshalb ist es unmöglich, ein Lebewesen von seiner Schale zu trennen, ohne es dadurch zu töten.

Schildkröten sind Reptilien, und ihr Körper ist in eine sehr harte und stabile schützende Hülle eingeschlossen, den Panzer. Er besteht aus dem Rückenpanzer und dem Bauchpanzer, die durch Knochen und Knorpel miteinander verbunden sind. Der Panzer ist mit dem Körper der Schildkröte verwachsen, sie kann ihn nicht verlassen oder ihn ablegen.

Die Panzerung des **Gürteltiers** besteht aus *Osteoderme* genannten Knochenplättchen, die sich in der Haut entwickeln und beweglich miteinander verbunden sind. Bei Gefahr rollt sich das Gürteltier zu einer gepanzerten Kugel zusammen.

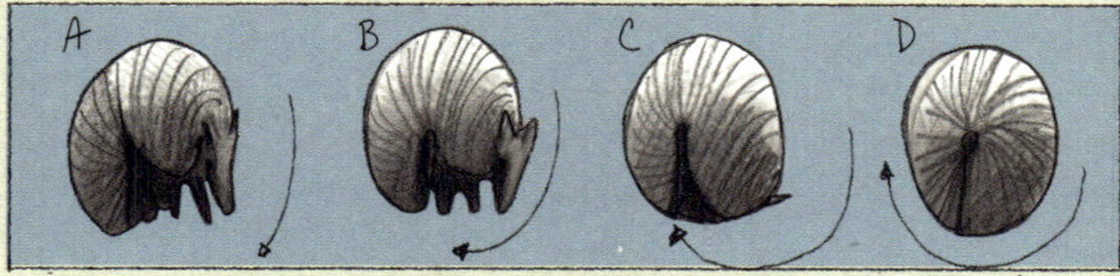

Auch das **Schuppentier** besitzt eine Panzerung. Sie besteht aus Hornschuppen, die einander wie Dachziegel überlappen.

Der **Einsiedlerkrebs** besitzt keinen angewachsenen Panzer. Deshalb sucht er sich leere Schneckengehäuse und zieht darin ein. Manchmal »verziert« er sie mit Schwämmen und Seeanemonen, um auf dem Meeresgrund besser getarnt zu sein.

Ein **Schneckenhaus** ist eine harte, stabile Schale, die alle inneren Organe des Tiers umschließt. Es schützt die Schnecke vor Fressfeinden und ist während des Winterschlafs ihr Unterschlupf.

Das **Perlboot** ist ein primitiver Kopffüßer, der eine spiralige, mit dem Körper verwachsene Schale besitzt. Diese ist in zahlreiche Kammern gegliedert und innen mit Perlmutt ausgekleidet. Das Perlboot schwebt meist in einer Tiefe von 150 – 300 Metern im Meer, ist nachtaktiv und eines der ältesten Tiere unserer Erde.

Tiere, die

VIEL SCHLAFEN

Für viele Tierarten stellt die kalte Jahreszeit ein Problem dar. Manche lösen es, indem sie vor Wintereinbruch in wärmere Weltgegenden ziehen. Andere bekommen im Herbst ein dichteres, wärmeres Fell und futtern sich eine isolierende Fettschicht an. Und dann gibt es noch Tiere, die für den Winter Vorräte anlegen oder ihn einfach verschlafen.

Der Winterschlaf zählt zu den bekanntesten Überwinterungsstrategien. In diesem Zustand sinkt die Körpertemperatur ab und der Stoffwechsel verlangsamt sich stark. Das Tier schläft mehrere Monate lang und braucht dabei allmählich die im Herbst angefressenen Fettreserven auf.

Zu den Tieren, die Winterschlaf halten, gehören **Ziesel**, **Siebenschläfer** und **Murmeltier**.

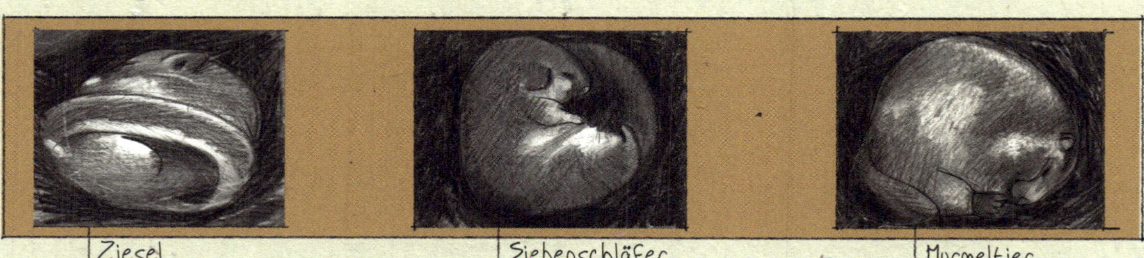

Fledermäuse halten Winterschlaf, und am liebsten in der Gruppe. Er beginnt damit, dass ihr Herzschlag sich verlangsamt, bis das Herz nur noch zehnmal pro Minute schlägt (anstatt 600-mal im normalen Wachzustand). Doch wenn die Fledermäuse gestört werden, wachen sie schnell auf und ziehen um an einen ruhigeren Ort.

Die Winterruhe des **Braunbären** beginnt ungefähr Mitte November und endet im März. Sie ist jedoch kein tiefer Schlaf, und ab und zu wacht der Bär auf. Trächtige Weibchen verschlafen einen Großteil ihrer Tragzeit.

Bei vielen Tierarten kann man nicht von einem richtigen Winterschlaf, sondern eher von einer Winterruhe sprechen. Diese beginnt, wenn die Außentemperaturen fallen.

Weil **Schlangen** wechselwarm sind und bei niedrigen Temperaturen ihre Nahrung nicht verdauen können, verlangsamen sich ihre Vitalfunktionen, sobald es kälter wird. Auch sie treten dann in einen Zustand der Winterruhe ein.

Der **Eulenschwalm** verfällt mehrere Wochen oder sogar Monate lang in eine Starre. In dieser Zeit hockt er unbeweglich zwischen tarnenden Felsen und sein Stoffwechsel läuft auf niedrigster Stufe.

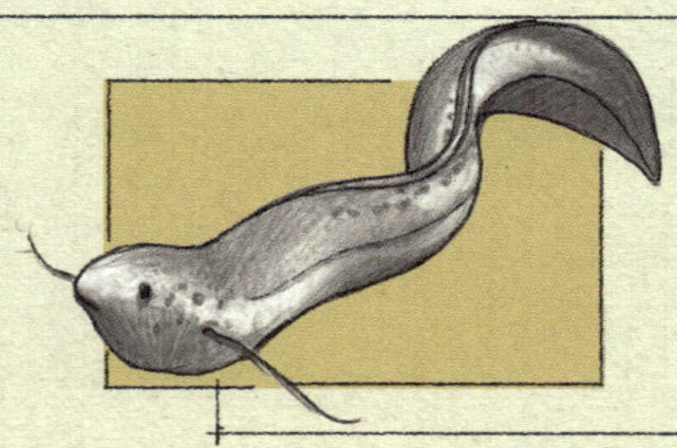

Lungenfische können sowohl mit ihren Kiemen als auch mit ihrer Lunge atmen. Eine weitere Besonderheit: Wenn ihr Gewässer austrocknet, fallen sie in eine Art Sommerschlaf, der bis zu vier Jahre andauern kann.

Tiere, die LÄNGER LEBEN als Menschen

Die derzeit durchschnittliche Lebenserwartung eines Menschen beträgt 73 Jahre, wenige Menschen schaffen es, 110 Jahre alt zu werden. Die durchschnittliche Lebenserwartung von Tieren hängt von der jeweiligen Art ab. Bei manchen erwachsenen Insekten beträgt sie nur einige Tage, während es Meeresbewohner gibt, die mehrere Hundert Jahre alt werden können.

Wie lange ein Tier lebt, hängt von verschiedenen Faktoren ab. Zu diesen zählen Lebensweise, Lebensraum, Klima und Ernährung. Auch die Gene spielen bei der Lebenserwartung eine große Rolle.

In der Tierwelt ist es möglich, über 350 Jahre alt zu werden. Als langlebigstes Wirbeltier der Welt gilt der **Grönlandhai**.

Der **Grönlandwal** kann über 210 Jahre alt werden und ist damit das am längsten lebende Säugetier.

Der wegen seiner Schönheit geschätzte Zierfisch **Koi** kann 220 Jahre alt werden. Das älteste Exemplar war ein Weibchen, das 226 Jahre alt wurde.

Der **Rote Diademseeigel** kann bis zu 200 Jahre lang leben.

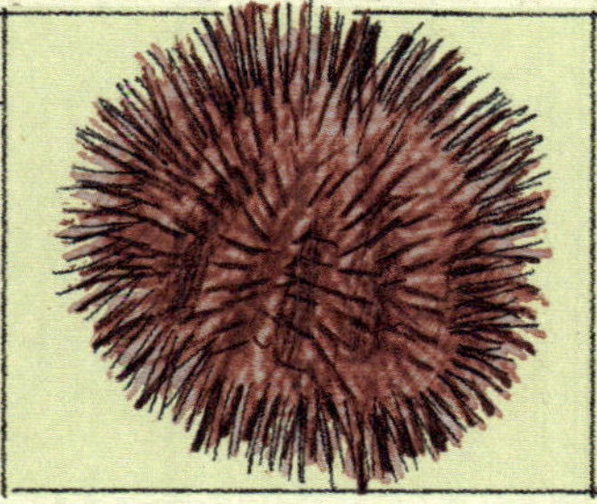

Die **Islandmuschel** ist im Nordatlantik heimisch. Vor einigen Jahren fanden Forschende ein 507 Jahre altes Exemplar dieser Art.

Es gibt ein Tier, das alle Vorstellungen von Lebenserwartung sprengt: Die **Unsterbliche Qualle**. Die kleine Qualle vermag vom Jugendstadium zum Erwachsenenstadium überzugehen und danach erneut ins Polypenstadium zurückzukehren. So können sich die Entwicklungszyklen unendlich oft wiederholen, was einer biologischen Unsterblichkeit gleichkommt. Falls eine Qualle dieser Art nicht gefressen oder getötet wird, stirbt sie nicht.

Das am längsten lebende Landtier ist die **Aldabra-Riesenschildkröte**: Manche dieser Schildkröten werden über 150 Jahre alt.

Tiere, die es GAR NICHT GIBT

Fantastische Tiere leben nur in unserer Vorstellung. Manche stammen aus Märchen und Mythen, andere aus den Berichten früher Entdeckungsreisender.

Der **Yeti**, auch Schneemensch genannt, ist eine Figur aus den Sagen und Märchen der Himalajaregion. Beschrieben wird er als riesiges, menschenähnliches Wesen mit dichtem, langhaarigem, weißem oder silbergrauem Fell.

Ein weiteres berühmtes fantastisches Wesen ist **Nessie**, das Ungeheuer von Loch Ness: In dem schottischen See soll ein riesiges Tier leben, das angeblich so ähnlich wie ein großer pflanzenfressender Dinosaurier aussieht.

Drachen kommen in den Mythen, Sagen und Märchen nahezu aller Völker der Welt vor. In der europäischen Sagenwelt sind sie böse und zerstörerisch, während sie in der orientalischen Vorstellung weise, gut und hilfreich sind. Drachen werden oft als Reptilien mit Fledermausflügeln und Adlerfängen dargestellt und sollen die Fähigkeit besitzen, Feuer zu spucken.

Fantastische Wesen weisen oft Merkmale mehrerer Tierarten auf oder sollen teilweise wie Menschen und teilweise wie Tiere aussehen. **Meerjungfrauen** etwa haben Kopf und Oberkörper einer Frau, anstelle von Beinen aber einen Fischschwanz mit Schwanzflosse.

Der **Greif** ist ein sehr komplexes Wesen: Er hat Kopf, Flügel und Vorderbeine eines Adlers und den Hinterleib und die Hinterbeine eines Löwen. Anders als Adler hat er sichtbare, oft sehr lange Ohren.

Pegasus ist ein geflügeltes Pferd aus der griechischen Mythologie. Nachdem er gezähmt worden war und Heldentaten vollbracht hatte, wurde er als Dank vom Göttervater Zeus in ein Sternbild verwandelt.

Das **Einhorn** ist ein Fabelwesen mit dem Körper eines Pferds und einem Horn an der Stirn. Angeblich verfügt es über magische Kräfte.